KRAFT

PHILADELPHIA

Das Kochbuch

Himmmhhhlisch vielseitig

Suppen, Saucen, Snacks und mehr...

INHALT

PHILADELPHIA
Bestes aus Milch

Eine Packung PHILADELPHIA – oder auch mehrere – sollten in jedem Kühlschrank stehen. Denn PHILADELPHIA von KRAFT ist weit mehr als ein Brotaufstrich. Dass man daraus wunderbare Torten machen kann, weiß inzwischen jeder. Weniger bekannt ist, dass er sich in der Küche als wahrer Tausendsassa erweist. Ob Suppen, Saucen, Füllungen oder Desserts – PHILADELPHIA kann die Grundlage für eine Vielzahl von leckeren Gerichten sein. Dieses Buch zeigt, was sich daraus Tolles machen lässt. Blättern Sie darin, lassen Sie sich anregen, probieren Sie aus, was Sie am meisten reizt, und wir versprechen Ihnen: Sie werden staunen.

Qualität setzt sich durch

Himmlisch sahnig und köstlich frisch im Geschmack, hat PHILADELPHIA von KRAFT in Deutschland seit über vierzig Jahren seinen festen Platz auf den Tischen qualitätsbewusster Genießer. In der Welt kennt man PHILADELPHIA schon weit länger. In der zweiten Hälfte des 19. Jahrhunderts wurde in Chester im US-Bundesstaat New York aus bester Milch und viel frischer Sahne ein Produkt zubereitet, dessen Qualität auf Anhieb begeisterte.

Schon kurz nach der Markteinführung in Deutschland war PHILADELPHIA die beliebteste Frischkäsezubereitung hier und ist es bis heute geblieben. Dafür sorgt auch seine Vielseitigkeit. Denn PHILADELPHIA harmoniert mit zahlreichen anderen Zutaten, süß und pikant, von fein – z. B. Lachs und Krabben – bis deftig – wie Knoblauch und Kräuter. Auch Suppen und Saucen erhalten durch PHILADELPHIA nicht nur die cremig-zarte Konsistenz, sondern auch die richtige Substanz. Wie immer Sie PHILADELPHIA verwenden – himmlisch sahniger und köstlicher Genuss ist garantiert.

Ein wertvolles Milchprodukt

PHILADELPHIA wird in Fallingbostel, im größten Lebensmittelwerk, das KRAFT Foods Deutschland in Europa betreibt, unter strengen Qualitätskontrollen hergestellt.

So exakt kontrolliert und automatisch die Zubereitung in der Praxis abläuft, so einfach ist sie im Prinzip. Denn für PHILADELPHIA wird nur beste Kuhmilch von ausgewählten Lieferanten verwendet, dazu reine Sahne zum Einstellen des gewünschten Fettgehalts. Diese Mischung wird mit weiteren Milcherzeugnissen verfeinert und unter hohem Druck homogenisiert, ein Vorgang, der für eine absolut gleichmäßige Verteilung der Fett-Tröpfchen in der Milch sorgt. Anschließend wird die Milch unter Einwirkung bestimmter Bakterienkulturen „dickgelegt". Über einen Separator erfolgt anschließend die Trennung von Käsemasse und Molke.

PHILADELPHIA *und etwas Fantasie*

Sie brauchen gewiss kein Sternekoch zu sein, um mit PHILADELPHIA die leckersten Gerichte zu zaubern. Im Gegenteil: Alle hier vorgestellten Rezepte lassen sich ohne viel Aufwand nachkochen, und die nötigen Zutaten gibt es im Supermarkt nebenan. Wir haben uns viel Mühe gegeben, damit Sie es einfach haben. Alle Rezepte dieses Buches sind von Koch- und Ernährungsexperten entwickelt. Sie wurden mehrfach getestet und gelingen zuverlässig. Und da wir die Verbraucher immer wieder nach ihren Wünschen befragen, finden Sie in diesem Buch Rezepte, die aus der Praxis kommen: gesunde Gerichte, komponiert aus wenigen, frischen Zutaten, die überall erhältlich sind. Und dass alle diese Gerichte so gut schmecken, liegt einfach auch am PHILADELPHIA. Denn die Verbindung seiner Sahnigkeit mit seinem zarten, feinsäuerlichen Aroma verleiht Saucen und Suppen eine ganz besondere geschmackliche Tiefe. Ob süß oder pikant – dieses Aroma harmoniert mit praktisch allen Geschmacksrichtungen, und in Verbindung mit frischen Zutaten und

feinen Kräutern bringt es auch verwöhnteste Feinschmecker ins Schwärmen. Dabei eignet sich der „weiße" PHILADELPHIA für praktisch jede Verwendung, während man Kräuter PHILADELPHIA verwendet, wenn es besonders herzhaft und würzig schmecken soll.

Zu den Rezepten

Die meisten der hier beschriebenen Rezepte sind für 4 Personen berechnet. Lediglich bei den Snacks werden mitunter größere Mengen beschrieben. Wenn Sie weniger brauchen oder mehr – einfach die Zutatenmengen halbieren oder verdoppeln. Da Sie Ihre kostbare Zeit nicht nur in der Küche verbringen sollen, haben wir darauf geachtet, dass die Vorbereitungszeiten 1/2 Stunde nicht überschreiten.

Die folgenden Tipps machen Ihnen die Arbeit noch leichter:

- Bei einem Großteil der Rezepte in diesem Buch können Sie die PHILADELPHIA-Sorten „Doppelrahm" oder „Fitness" nach Belieben verwenden. Bei einigen Suppen und Saucen allerdings ist nur „Doppelrahm" angegeben. Wenn Sie in diesen Fällen ebenfalls „Fitness" verwenden wollen, müssen Sie die Suppe oder Sauce evtl. zusätzlich mit etwas Stärkemehl binden.
- Suppen und Saucen mit PHILADELPHIA werden beim Abkühlen sämiger. Sie lassen sich aber ohne weiteres beim ersten Aufwärmen mit Milch oder Wasser verdünnen.
- Nudeln saugen sehr viel Sauce auf. Bei vorgemischten Pasta-Gerichten sollten Sie nur 2/3 der Sauce untermischen und den Rest getrennt dazu reichen.
- Desserts geben, wenn sie etwas stehen, oft ein wenig Wasser ab und müssen vor dem Servieren noch einmal kurz umgerührt werden.

Noch mehr Tipps und Informationen zu PHILADELPHIA erhalten Sie telefonisch unter (0 18 02) 25 85 88 für eine Gebühreneinheit pro Anruf aus dem Festnetz und im Internet unter www.philadelphia.de.

PHILADELPHIA *aufs Brot*
Himmlischer Genuss

Preiselbeer-Kiwi-Bagel

Zubereitungszeit: 10 Minuten
Für 4 Personen

4 Bagels
2 Kiwis
200 g PHILADELPHIA Doppelrahm oder Fitness
4 EL Preiselbeeren, aus dem Glas

1 Die Bagels durchschneiden und die Schnittflächen toasten.

2 Die Kiwis schälen, halbieren und in Scheiben schneiden.

3 Die Bagelhälften mit reichlich PHILADELPHIA bestreichen.

4 Die Preiselbeeren auf dem PHILADELPHIA verteilen und mit den Kiwischeiben dekorieren.

Schoko-Rosinen-Brötchen mit Knusperflakes

Zubereitungszeit: 10 Minuten
Für 4 Personen

4 Rosinenbrötchen
200 g PHILADELPHIA Doppelrahm oder Fitness
2 Riegel Milka®-Schokolade
8 EL Cornflakes
2 TL Kaba® Schoko-Kakaopulver

1 Die Rosinenbrötchen durchschneiden und die Hälften jeweils mit reichlich PHILADELPHIA bestreichen.

2 Die Milka®-Schokolade mit einer Küchenreibe oder einem Sparschäler raspeln.

3 Die Brötchenhälften mit je einem Esslöffel Cornflakes, etwas Kaba® Schoko-Kakaopulver und einigen Schokoraspeln bestreuen.

Nugathappen

Zubereitungszeit: 10 Minuten
Für 4 Personen

8 ScheibenToastbrot
200 g PHILADELPHIA Doppelrahm oder Fitness
8 TL Nuss-Nugat-Creme
2 TL Krokant
2 TL geraspelte Milka®-Schokolade

1 Die Toastscheiben toasten und 4 Scheiben reichlich mit PHILADELPHIA, die übrigen mit der Nuss-Nugat-Creme bestreichen.

2 Die Toastscheiben mit den bestrichenen Seiten zusammenlegen und mit einem scharfen Messer vierteln.

3 Die Doppel-Toasts mit PHILADELPHIA Doppelrahm bestreichen und abwechselnd mit Krokant und geraspelter Milka®-Schokolade bestreuen.

Lachsbagel

Zubereitungszeit: 10 Minuten
Für 4 Personen

4 Bagels
1 kleine Zwiebel
1 Bund Dill
200 g Kräuter PHILADELPHIA
oder Kräuter PHILADELPHIA Fitness
1 unbehandelte Zitrone
120 g geräucherter Lachs

1 Die Bagels durchschneiden und die Schnittflächen toasten.

2 Die Zwiebel schälen und in feine Ringe schneiden. Den Dill waschen, trockenschütteln und grob hacken.

3 Die Bagelhälften mit reichlich Kräuter PHILADELPHIA bestreichen.

4 Die Zitrone waschen und quer in Achtel schneiden.

5 Je eine Bagelhäfte mit ca. 30 g Lachs und einigen Zwiebelringen belegen. Die Hälfte mit etwas Dill und einem Zitronenachtel dekorieren und die zweite Bagelhälfte auflegen.

Gemüsetoast „Antipasti"

Zubereitungszeit: 20 Minuten
Für 4 Personen

1 Zucchini
1 rote Paprika
1 Knoblauchzehe
3–4 EL Olivenöl
4 Scheiben Toastbrot
200 g Kräuter PHILADELPHIA
oder Kräuter PHILADELPHIA Fitness
frische Kräuter nach Belieben

1 Die Zucchini waschen und längs in dünne Scheiben schneiden (ca. 8 Scheiben).

2 Die Paprikaschote waschen, halbieren, von Strunk und Kernen befreien und in breite Streifen schneiden. Den Knoblauch schälen und fein hacken.

3 Das Olivenöl in einer großen Pfanne erhitzen und die Zucchinischeiben und die Paprikastreifen darin braun anbraten. Den Knoblauch dazugeben. Das Gemüse salzen und pfeffern, auf Küchenpapier abtropfen und erkalten lassen.

4 Inzwischen die Brotscheiben toasten und mit reichlich Kräuter PHILADELPHIA bestreichen.

5 Antipasti-Gemüse auf dem PHILADELPHIA verteilen und nach Belieben mit frischen Kräutern garnieren.

Ciabatta mit Putenbrust

Zubereitungszeit: 20 Minuten
Für 4 Personen

2 Putenbrustfilets, je ca. 150 g
2 Eigelb
4 EL Sesamsamen
2 EL ÖL
1 Bund Rucola
4 kleine Tomaten
4 Ciabattabrötchen
300 g PHILADELPHIA Doppelrahm oder Fitness
2 TL Pesto-Sauce

1 Die Putenbrustfilets waschen, trockentupfen, salzen und pfeffern. Eigelb in einem tiefen Teller verschlagen und das Fleisch darin wenden. Den Sesam ebenfalls in einen tiefen Teller geben und die Filets darin wälzen.

2 Das Öl in einer Pfanne erhitzen und die Filets darin etwa 10 Minuten bei mäßiger Hitze braten. Die Filets nach der Hälfte der Garzeit wenden. Das Fleisch erkalten lassen und in Scheiben schneiden.

3 Inzwischen den Rucola putzen, waschen und gut abtropfen lassen. Die Tomaten in Viertel schneiden.

4 Die Ciabattabrötchen halbieren, jede Hälfte mit reichlich PHILADELPHIA Doppelrahm bestreichen und mit Putenbrustscheiben belegen. Die Brötchen mit Pesto-Sauce, Rucola und Tomatenvierteln garnieren.

Avocado-Shrimps-Schnitte

Zubereitungszeit: 15 Minuten
Für 4 Personen

1 Zitrone
1 Avocado
2 EL Öl
16 Shrimps, küchenfertig
4 Scheiben Vollkornbrot
200 g PHILADELPHIA Doppelrahm oder Fitness

1 Die Zitrone halbieren. Eine Hälfte auspressen, die andere in Scheiben schneiden und diese halbieren.

2 Die Avocado halbieren, den Stein entfernen und die Hälften schälen. Diese anschließend in dünne Spalten schneiden und mit etwas Zitronensaft beträufeln, damit sie nicht braun werden.

3 Das Öl in einer Pfanne erhitzen und die Shrimps darin braten, salzen, pfeffern und ebenfalls mit etwas Zitronensaft beträufeln.

4 Die Brotscheiben mit reichlich PHILADELPHIA bestreichen und mit Avocadospalten und je 4 Shrimps belegen.

5 Die Schnitten mit Zitronenscheiben garnieren und nach Belieben mit grobem schwarzem Pfeffer bestreuen.

Herzhafter Doppeldecker-Toast

Zubereitungszeit: 20 Minuten
Für 4 Personen

12 Scheiben Toastbrot
300 g PHILADELPHIA Doppelrahm oder Fitness
1 Paprikaschote
1 Bund Schnittlauch
100 g Kochschinken

1 Die Brotscheiben toasten. Mit einem Glas oder einer Tasse Kreise ausstechen und diese mit reichlich PHILADELPHIA bestreichen.

2 Die Paprikaschote putzen, waschen, von Strunk und Kernen befreien und in Ringe schneiden. Den Schnittlauch waschen, trockenschütteln und in feine Röllchen schneiden.

3 4 Toastscheiben mit etwas Kochschinken, Paprika und Schnittlauch belegen. Je eine zweite Toastscheibe mit der bestrichenen Seite auf die Zutaten legen.

4 Die „Doppeldecker-Toast“ erneut mit Schinken, Paprika und Schnittlauch belegen und mit einer weiteren Toastscheibe abdecken.

PHILADELPHIA-*Suppenküche*

Cremiges Essvergnügen

Kartoffelsuppe mit Krabben

Zubereitungszeit: 25 Minuten
Für 4 Personen

500 g mehlige Kartoffeln
1 l Gemüsebrühe
200 g PHILADELPHIA Doppelrahm
1 Knoblauchzehe
1 EL Olivenöl
200 g Krabben
2 EL frisch gehackte Petersilie oder Kerbel

1 Die Kartoffeln schälen, in Stücke schneiden und in der Gemüsebrühe weich kochen. Anschließend die Kartoffelstücke mit einem Pürierstab pürieren.

2 PHILADELPHIA in die Suppe geben und bei milder Hitze unter Rühren schmelzen lassen. Danach die Suppe mit Salz und Pfeffer würzig abschmecken.

3 Die Knoblauchzehe schälen und fein würfeln. Das Olivenöl erhitzen und darin die Krabben und die Knoblauchwürfel braten, salzen und pfeffern.

4 Die Kartoffelsuppe in tiefe Teller geben, die gebratenen Krabben und Knoblauchwürfel auf die Suppe geben und mit den Kräutern bestreuen.

Kräutersuppe

Zubereitungszeit: 15 Minuten
Für 4 Personen

1 Bund Frühlingszwiebeln
1 EL Öl
2 EL Speisestärke
3/4 l Gemüsebrühe
150 ml Milch
200 g Kräuter PHILADELPHIA
2 Beete Kresse, gehackt
Muskatnuss, gerieben

1 Die Frühlingszwiebeln putzen, waschen und in Ringe schneiden.

2 Das Öl in einem Topf erhitzen und die Frühlingszwiebeln darin anschwitzen. Die Speisestärke über die Frühlingszwiebeln sieben und alles mit der Brühe ablöschen.

3 Die Milch dazugeben, die Suppe aufkochen und anschließend ca. 5 Minuten köcheln lassen.

4 Kräuter PHILADELPHIA in die Suppe geben und bei milder Hitze unter Rühren schmelzen lassen. Die gehackte Kresse unter die Suppe heben und mit Muskatnuss, Salz und Pfeffer abschmecken.

Gemüsecremesuppe

Zubereitungzeit: 25 Minuten
Für 4 Personen

2 Zwiebeln
2 Kohlrabi
5 Karotten
30 g Butter
3/4 l Gemüsebrühe
200 g PHILADELPHIA Doppelrahm
1 Bund Petersilie, fein gehackt

1 Das Gemüse putzen, waschen und schälen. Die Zwiebeln grob hacken, Karotten und Kohlrabi in Streifen schneiden.

2 Die Butter in einem Topf erhitzen und das Gemüse bei milder Hitze darin einige Minuten andünsten. Danach mit Brühe ablöschen und etwa 5 Minuten köcheln lassen. Etwa die Hälfte des Gemüses aus der Suppe nehmen und beiseite stellen. Das übrige Gemüse in der Brühe pürieren.

3 PHILADELPHIA in die Suppe geben und bei milder Hitze unter Rühren schmelzen lassen. Die Suppe mit Salz und Pfeffer abschmecken, die Gemüsestreifen dazugeben und mit der Petersilie bestreuen.

Scharfe Mexikosuppe

Zubereitungszeit: 25 Minuten
Für 4 Personen

2 Zwiebeln
1 grüne Paprikaschote
1 Knoblauchzehe
2 EL Öl
200 g Hackfleisch
Cayennepfeffer
1 Dose Kidney-Bohnen, Abtropfgewicht 250 g
800 g geschälte Tomaten aus der Dose
$\frac{3}{4}$ l Brühe
200 g Kräuter PHILADELPHIA
1 Bund Petersilie, fein gehackt

1 Die Zwiebeln grob hacken, die Paprikaschote putzen, waschen, von Strunk und Kernen befreien und in Stücke schneiden, den Knoblauch schälen und hacken.

2 Das Öl in einem Topf erhitzen und das Hackfleisch zusammen mit den Zwiebeln darin anbraten, mit Salz und Cayennepfeffer würzen.

3 Paprikastücke, Knoblauch, Bohnen und Tomaten mit Saft dazugeben und mit Brühe ablöschen.

4 Die Suppe kurz aufkochen lassen. Anschließend bei milder Hitze die Hälfte des Kräuter PHILADELPHIA unter Rühren darin schmelzen lassen. Die Suppe mit Cayennepfeffer scharf abschmecken.

5 Mit der Petersilie und einem Löffel Kräuter PHILADELPHIA garniert servieren.

Champignon-Kartoffel-Suppe

Zubereitungszeit: 30 Minuten
Für 4 Personen

500 g Kartoffeln
400 g Champignons
1 große Zwiebel
2 EL Öl
1 EL Weizenmehl
$^1/_2$ l Gemüsebrühe
200 g PHILADELPHIA Doppelrahm
Petersilienblättchen und Schnittlauchröllchen

1 Die Kartoffeln kochen, pellen und in Würfel schneiden. Die Champignons putzen, waschen und in Scheiben schneiden. Die Zwiebel schälen und grob hacken.

2 Das Öl in einem Topf erhitzen, Zwiebeln und Champignons darin andünsten. Anschließend mit Mehl bestäuben, mit Gemüsebrühe ablöschen und aufkochen lassen.

3 Kartoffelwürfel und PHILADELPHIA in die Suppe geben und den Frischkäse bei milder Hitze unter Rühren schmelzen lassen. Die Suppe mit den Kräutern, Salz und Pfeffer abschmecken.

Kürbissuppe

Zubereitungszeit: 20 Minuten
Für 4 Personen

2 Zwiebeln
4 EL Öl
3/4 l Gemüsebrühe
1 Glas eingelegte Kürbisstücke, Abtropfgewicht 200 g
2 TL Speisestärke
200 g PHILADELPHIA Doppelrahm

1 Die Zwiebeln schälen, die eine fein hacken, die andere in Ringe schneiden. 1 EL Öl in einem Topf erhitzen, die gehackte Zwiebel darin glasig dünsten und mit Gemüsebrühe ablöschen.

2 Die Kürbisstücke abtropfen lassen und in die Gemüsebrühe geben. Die Suppe mit einem Pürierstab pürieren und aufkochen lassen.

3 Die Speisestärke mit ca. 50 ml Wasser anrühren, in die kochende Suppe einrühren und einige Minuten aufkochen. Den PHILADELPHIA in die Suppe geben und bei milder Hitze unter Rühren schmelzen lassen.

4 Inzwischen das restliche Öl erhitzen und die Zwiebelringe darin knusprig braten. Die Kürbissuppe mit Salz und Peffer abschmecken und mit den Zwiebelringen garnieren.

Asiatische Hühnersuppe

Zubereitungszeit: 20 Minuten
Für 4 Personen

1 Frühlingszwiebel
½ rote Paprikaschote
150 g Hähnchenbrustfilet
1 EL Öl
2 TL Currypulver
¾ l Hühnerbrühe
2 TL Speisestärke
200 g PHILADELPHIA Doppelrahm
½ TL Paprikapulver

1 Frühlingszwiebel und Paprikaschote waschen und putzen.

2 Die Hähnchenbrustfilets waschen und trockentupfen. Frühlingszwiebel in Stücke, die Paprika in Rauten schneiden.

3 Öl in einem Topf erhitzen und die Hähnchenstücke darin anbraten. Das Gemüse dazugeben und kurz mitbraten. Fleisch und Gemüse mit Currypulver, Salz und Pfeffer würzen, mit der Brühe ablöschen und aufkochen.

4 Die Speisestärke in 50 ml kaltem Wasser lösen und in die kochende Brühe einrühren.

5 PHILADELPHIA bei milder Hitze unter Rühren in der Suppe schmelzen lassen und mit Curry, Paprikapulver, Salz und Pfeffer pikant abschmecken.

Raffinierte Vielfalt

Tomaten-Basilikum-Spaghetti

Zubereitungszeit: 20 Minuten
Für 4 Personen

500 g Spaghetti
1 Zwiebel
2 Knoblauchzehen
1 EL Olivenöl
1/4 l Gemüsebrühe
800 g geschälte Tomaten, aus der Dose
100 g Kräuter PHILADELPHIA
1 Bund frisches Basilikum

1 Die Spaghetti nach Packungsanweisung „al dente“ kochen.

2 Zwiebel und Knoblauch schälen und grob hacken. Das Olivenöl in einem Topf erhitzen und die Zwiebel darin glasig dünsten. Die Gemüsebrühe und die Tomaten dazugeben und kurz aufkochen lassen.

3 Knoblauch und Kräuter PHILADELPHIA in die Sauce geben und den Frischkäse bei milder Hitze unter Rühren schmelzen lassen. Die Sauce mit Salz und Pfeffer würzig abschmecken.

4 Das Basilikum grob hacken, unter die Sauce heben und diese zu den Spaghetti servieren.

Spinatfarfalle

Zubereitungszeit: 20 Minuten
Für 4 Personen

$\frac{1}{2}$ Pk. tiefgekühlter Blattspinat, ca. 250 g
500 g Farfalle
1 Zwiebel
2 Knoblauchzehen
200 g roher Schinken
2 EL Olivenöl
$\frac{1}{4}$ l Gemüsebrühe
200 g PHILADELPHIA Doppelrahm

1 Den Spinat auftauen lassen und das Auftauwasser gut ausdrücken.

2 Die Farfalle laut Packungsanleitung „al dente" kochen.

3 Zwiebel und Knoblauchzehen schälen und fein hacken. Den Schinken würfeln.

4 Das Olivenöl in einem Topf erhitzen und darin Zwiebel, Knoblauch und Schinken anschwitzen. Mit der Gemüsebrühe ablöschen und kurz aufkochen lassen.

5 PHILADELPHIA in die Sauce geben und bei milder Hitze unter Rühren schmelzen lassen. Anschließend den Spinat dazugeben und die Sauce mit Salz und Pfeffer abschmecken.

6 Die Spinatsauce unter die Pasta heben und servieren.

Grüne Tagliatelle mit Lachssauce

Zubereitungszeit: 25 Minuten
Für 4 Personen

500 g grüne Tagliatelle
250 g Lachsfilet, frisch oder tiefgekühlt
2 EL ÖL
100 ml trockener Weißwein
¼ l Gemüsebrühe
250 g Kräuter PHILADELPHIA
1 Bund frischer Dill

1 Die Tagliatelle nach Packungsanleitung „al dente" kochen. Inzwischen das Lachsfilet waschen und in mundgerechte Stücke schneiden.

2 Das Öl in einem Topf erhitzen und die Lachsstücke darin anbraten. Mit Weißwein ablöschen und die Gemüsebrühe angießen. Die Sauce erhitzen und kurz aufkochen lassen.

3 Kräuter PHILADELPHIA in die Sauce geben und bei milder Hitze unter Rühren schmelzen lassen.

4 Inzwischen den Dill waschen, trockenschütteln und fein hacken. Die Sauce mit Dill, Salz und Pfeffer abschmecken und zu den Tagliatelle servieren.

Rucola-Tomaten-Penne

Zubereitungszeit: 20 Minuten
Für 4 Personen

500 g Penne
1 Zwiebel
1 EL Olivenöl
800 g geschälte Tomaten, aus der Dose
100 g PHILADELPHIA Doppelrahm
1 Bund Rucola, ca. 100 g
100 g Parmesan am Stück

1 Die Penne nach Packungsanweisung „al dente“ kochen. Inzwischen die Zwiebel schälen und fein würfeln.

2 Das Olivenöl in einem Topf erhitzen und die Zwiebel darin glasig dünsten. Tomaten mit Saft dazugeben und kurz aufkochen lassen. PHILADELPHIA bei milder Hitze unter Rühren in der Sauce schmelzen lassen.

3 Den Rucolasalat verlesen, waschen und grob hacken (ca. 2 cm Stücke). Den Parmesan grob raspeln.

4 Die Tomatensauce mit Salz und Pfeffer abschmecken und zusammen mit Parmesan und Rucola unter die Penne heben.

Tagliatelle mit Gorgonzolasauce

Zubereitungszeit: 15 Minuten
Für 4 Personen

500 g rote Tagliatelle
150 g Gorgonzola
$^{1}/_{4}$ l Gemüsebrühe
200 g PHILADELPHIA Doppelrahm

1 Die Tagliatelle nach Packungsanweisung „al dente" kochen.

2 Den Gorgonzola in kleine Würfel schneiden.

3 Die Gemüsebrühe erhitzen. PHILADELPHIA sowie Gorgonzolastückchen bei milder Hitze unter Rühren darin schmelzen lassen.

4 Die Sauce mit Salz und Pfeffer würzen und zu den Tagliatelle servieren.

Spaghetti mit Schinken-Gemüse-Sauce

Zubereitungszeit: 25 Minuten
Für 4 Personen

500 g Spaghetti
2 Zwiebeln
150 g gekochter Schinken
100 g Champignons
2 EL Olivenöl
1/4 l Gemüsebrühe
200 g PHILADELPHIA Doppelrahm
100 g tiefgekühlte Erbsen

1 Die Spaghetti nach Packungsanweisung „al dente" kochen.

2 Die Zwiebeln schälen und grob hacken. Den Schinken in Streifen schneiden, die Champignons putzen, waschen und in Scheiben schneiden.

3 Das Olivenöl in einem Topf erhitzen und Zwiebeln, Schinken und Champignonscheiben darin andünsten. Das Gemüse mit der Brühe ablöschen und kurz aufkochen.

4 PHILADELPHIA bei milder Hitze unter Rühren in der Sauce schmelzen lassen. Die Erbsen hinzugeben und mit Salz und Pfeffer abschmecken. Die Sauce zu den Spaghetti servieren.

Gemüseplatte mit Kräutersauce

Zubereitungszeit: 25 Minuten
Für 4 Personen

ca. 1,5 kg Gemüse, z.B. Zucchini, Möhren, Fenchel und Brokkoli
1 Zwiebel
2 Knoblauchzehen
2 EL Olivenöl
1/4 l Gemüsebrühe
400 g PHILADELPHIA Doppelrahm
2 EL frisch gehackte Kräuter, z.B. Petersilie, Basilikum, Schnittlauch

1 Das Gemüse putzen, waschen, zerteilen und in leicht gesalzenem Wasser bissfest garen.

2 Inzwischen für die Sauce Zwiebel und Knoblauchzehen schälen und fein hacken. Das Olivenöl in einem Topf erhitzen, Zwiebel und Knoblauch darin glasig dünsten, mit Gemüsebrühe ablöschen und kurz aufkochen lassen.

3 PHILADELPHIA bei milder Hitze unter Rühren in der Sauce schmelzen lassen. Gehackte Kräuter dazugeben. Die Kräutersauce mit Salz und Pfeffer abschmecken und zum Gemüse servieren.

Schweinemedaillons in Pfeffersauce

Zubereitungszeit: 30 Minuten
Für 4 Personen

2 EL Öl
8 Schweinemedaillons
1 Zwiebel
1/4 l Gemüsebrühe
200 g PHILADELPHIA Doppelrahm
1 TL Pfefferkörner, z. B. rosa, grüner oder schwarzer Pfeffer

1 Den Backofen auf 70 °C vorheizen. Schweinemedaillons waschen und trockentupfen. Das Öl in einer Pfanne erhitzen und die Schweinemedaillons darin braten, bis sie innen noch etwas rosa sind. Das Fleisch aus der Pfanne nehmen, in Alufolie wickeln und im Ofen warm stellen.

2 Inzwischen die Zwiebel schälen und grob hacken, dann im Bratfett glasig dünsten. Mit Gemüsebrühe ablöschen und kurz aufkochen lassen.

3 PHILADELPHIA dazugeben und bei milder Hitze unter Rühren schmelzen lassen. Die Pfefferkörner grob zerdrücken, in die Sauce geben und mit Salz abschmecken. Die Sauce zu den Schweinemedaillons servieren. Dazu passen Karottenstreifen und Bandnudeln

Thailändisches Hähnchencurry

Zubereitungszeit: 30 Minuten
Für 4 Personen

2 Paprikaschoten, rot und grün
1 Karotte
100 g Zuckerschoten
100 g Sojabohnenkeimlinge
2 Zwiebeln
400 g Hähnchenbrustfilet
2 EL Öl, z.B. Sesamöl
1/4 l Gemüsebrühe
200 g PHILADELPHIA Doppelrahm
1 TL Currypulver
Cayennepfeffer

1 Das Gemüse putzen und waschen. Die Paprikaschoten in Rauten, die Karotte in Stifte und die Zwiebeln in Ringe schneiden. Die Zwiebelringe halbieren.

2 Die Hähnchenbrustfilets waschen und in ca. 2 cm breite Streifen schneiden. Das Öl in einer Pfanne erhitzen und das Fleisch darin anbraten. Das Gemüse mit Ausnahme der Sojabohnenkeimlinge dazugeben und kurz dünsten. Das Gemüse soll knackig bleiben.

3 Die Gemüsebrühe angießen und aufkochen lassen. Anschließend den PHILADELPHIA bei milder Hitze unter Rühren in der Sauce schmelzen lassen.

4 Die Sojabohnenkeimlinge vorsichtig unterheben, das Hähnchencurry salzen und mit Curry und Cayennepfeffer abschmecken. Dazu schmeckt Basmatireis.

Schollenfilet mit Lauchsauce

Zubereitungszeit: 20 Minuten
Für 4 Personen

2 Stangen Lauch
4 Schollenfilets
4 EL Öl
$^{1}/_{4}$ l Gemüsebrühe
200 g Kräuter PHILADELPHIA

1 Den Lauch putzen, waschen und in Ringe schneiden. Die Schollenfilets waschen und von beiden Seiten salzen und pfeffern. 2 Esslöffel Öl in einer Pfanne erhitzen und die Schollenfilets darin von beiden Seiten braten.

2 In einem Topf das restliche Öl erhitzen und die Lauchringe darin dünsten. Gemüsebrühe angießen, aufkochen lassen und den PHILADELPHIA bei milder Hitze unter Rühren darin schmelzen lassen.

3 Die Sauce mit Pfeffer und Salz abschmecken und mit den gebratenen Schollenfilets servieren.

Scampispieße in pikanter Safransauce

***Zubereitungszeit:* 15 Minuten**
Für 4 Personen

24 Scampi, küchenfertig, vorgegart
1 Knoblauchzehe
4 EL OlivenöL
1 Peperoni
1 Zwiebel
$^{1}/_{4}$ l Gemüsebrühe
200 g PHILADELPHIA Doppelrahm
einige Fäden Safran

1 Jeweils 6 Scampi auf einen Schaschlikspieß stecken.

2 Die Knoblauchzehe schälen, fein hacken und mit 2 EL Olivenöl in einer Pfanne erhitzen. Die Scampispieße darin von allen Seiten knusprig braten, salzen, pfeffern und warm stellen.

3 Die Peperoni halbieren, entkernen und fein hacken, die Zwiebel schälen, fein würfeln und in einer zweiten Pfanne im restlichen Olivenöl andünsten. Mit Gemüsebrühe ablöschen, kurz aufkochen und anschließend den PHILADELPHIA bei milder Hitze unter Rühren in der Sauce schmelzen lassen.

4 Die Safranfäden in die Sauce geben, diese mit Salz und Pfeffer abschmecken und zu den Scampispießen servieren.

PHILADELPHIA *aus dem Ofen*

Sahnige Aufläufe, herzhaftes Gebäck

Spinatquiche

Vorbereitungszeit: 25 Minuten; Backzeit: 15 Minuten
Für 1 Quiche

1 Pk. tiefgekühlter Blattspinat, ca. 450 g
250 g Weizenmehl
125 g Butter
1 Ei
200 g PHILADELPHIA Doppelrahm
100 g roher Schinken, in Streifen geschnitten
2 Tomaten

1 Den Spinat auftauen lassen und das Auftauwasser gut ausdrücken. Den Backofen auf 200 °C vorheizen.

2 Für den Teig Mehl, Butter, Ei und 1 Prise Salz mit einem elektrischen Handrührgerät mit Knethaken so lange kneten, bis ein fester Teig entstanden ist. Den Teig zu einer Kugel formen und im Kühlschrank abgedeckt 10–15 Minuten ruhen lassen.

3 Den Teig auf einer bemehlten Arbeitsfläche ausrollen und in eine Quiche- oder Springform legen (Ø ca. 26 cm). Den Teigboden im Backofen auf mittlerer Schiene etwa 10 Minuten vorbacken.

4 Für die Füllung PHILADELPHIA, Spinat und Schinkenstreifen mischen und mit Pfeffer würzen. Die Tomaten achteln.

5 Die Spinatmasse auf dem Quicheboden verteilen, mit den Tomatenachteln belegen und die Quiche weitere 15 Minuten im Ofen backen.

Reis-Lauch-Auflauf

Vorbereitungszeit: 20 Minuten; Backzeit: 15 Minuten
Für 4 Personen

2 Beutel KRAFT reis-fit® 8 Minuten-Reis
2 Stangen Lauch
20 g Butter
4 Scheiben gekochter Schinken
200 g PHILADELPHIA Doppelrahm
$^{1}/_{8}$ l Milch
abgeriebene Muskatnuss
2 EL Semmelbrösel
1 EL Parmesan

1 Den Backofen auf 200 °C vorheizen. Den Reis nach Packungsanleitung garen.

2 Den Lauch putzen, waschen und in 2–3 Teile schneiden. In gesalzenem Wasser bissfest kochen und gut abtropfen lassen.

3 Eine große Auflaufform mit etwas Butter einfetten und den gegarten Reis einfüllen. Die Lauchstücke mit Schinken umwickeln und auf den Reis legen. PHILADELPHIA mit Milch verrühren und mit Salz, Pfeffer und Muskatnuss kräftig würzen. Die Flüssigkeit über die Zutaten verteilen und anschließend mit Semmelbröseln und Parmesan bestreuen.

4 Die restliche Butter als Flöckchen auf dem Auflauf verteilen und im vorgeheizten Backofen auf der mittleren Schiene 10–15 Minuten überbacken.

Herzhafter Kartoffelauflauf

Vorbereitungszeit: 25 Minuten; Backzeit: 15 Minuten
Für 4 Personen

850 g fest kochende Kartoffeln
100 g Schinkenspeck
1 Gemüsezwiebel, ca. 200 g
1 EL Butter
1 EL Weizenmehl
300 ml Gemüsebrühe
200 g PHILADELPHIA Doppelrahm
1/2 Bund Majoran
1 1/2 Bund Schnittlauch

1 Die Kartoffeln mit Schale kochen. Inzwischen den Schinkenspeck würfeln, die Zwiebel schälen und grob hacken.

2 Die Butter in einem Topf erhitzen, Schinkenspeck und Zwiebel darin anbraten. Anschließend mit Mehl bestäuben und mit der Gemüsebrühe ablöschen. Kurz aufkochen lassen. PHILADELPHIA bei milder Hitze unter Rühren in der Sauce schmelzen lassen und diese mit Salz und Pfeffer abschmecken. Den Ofen auf 150 °C vorheizen.

3 Die Kartoffeln pellen, in Achtel schneiden und salzen. Die Kräuter hacken.

4 Kartoffeln, PHILADELPHIA-Sauce und Kräuter in eine Auflaufform schichten und 10–15 Minuten im Ofen auf der mittleren Schiene backen. Mit Kräutern bestreut servieren.

Ratatouille-Tartelettes

Vorbereitungszeit: 30 Minuten; Backzeit: 20 Minuten
Für 6 Tartelettes

250 g Weizenmehl
125 g Butter
1 Ei
2 EL Olivenöl
1 Aubergine, gewaschen und gewürfelt
2 Paprikaschoten, geputzt und klein geschnitten
1 Zucchini, gewaschen und gewürfelt
1 Zwiebel, geschält und gewürfelt
Oregano, Basilikum, Rosmarin, gewaschen und gehackt
2 Knoblauchzehen, fein gehackt
200 g Kräuter PHILADELPHIA

1 Den Backofen auf 200 °C vorheizen. Mehl, Butter, Ei und 1 Prise Salz mit den Knethaken des elektrischen Handrührgeräts zu einem festen Teig verarbeiten. Diesen zu einer Kugel formen und 10–15 Minuten kalt stellen.

2 Den Teig auf einer bemehlten Arbeitsfläche ausrollen und 6 Tartelette-Förmchen (Ø ca. 12 cm, gefettet) damit auslegen. Die Böden im Ofen etwa 10 Minuten vorbacken.

3 Das Öl in einer Pfanne erhitzen und das Gemüse darin bissfest dünsten, mit Kräutern, Salz, Pfeffer und Knoblauch würzen.

4 Kräuter PHILADELPHIA mit 50 ml Wasser zu einer geschmeidigen Creme verrühren. Das Gemüse mit der Creme mischen und auf den Tartelette-Böden verteilen. Die Tartelettes im Ofen auf der mittleren Schiene 12–20 Minuten fertig backen.

Hawaii-Taschen

Vorbereitungszeit: 15 Minuten; Backzeit: 15 Minuten
Für 4 Personen

450 g tiefgekühlter Blätterteig
3 Scheiben Ananas, aus der Dose
4 Scheiben gekochter Schinken
200 g PHILADELPHIA Doppelrahm
Milch zum Bestreichen
2 EL Schnittlauchröllchen

1 Den Blätterteig nach Packungsanleitung auftauen. Den Backofen auf ca. 200 °C vorheizen.

2 Ananas und gekochten Schinken in kleine Stücke schneiden und mit PHILADELPHIA mischen. Die Füllung salzen und pfeffern.

3 Aus dem Blätterteig ca. 8 Quadrate von etwa 11–12 cm Seitenlänge zuschneiden. Die Blätterteigstücke an den Ecken schräg zur Mitte 1–2 cm einschneiden.

4 Jeweils 1 Esslöffel der PHILADELPHIA-Füllung in die Mitte des Quadrats setzen. Blätterteigecken zur Mitte ziehen und etwas in die Creme drücken.

5 Den Teig mit etwas Milch bestreichen und die Füllung mit Schnittlauchröllchen bestreuen. Die Hawaii-Taschen auf ein mit Backpapier ausgelegtes Backblech legen und im Backofen auf der mittleren Schiene etwa 15 Minuten backen. Nach Belieben mit rosa Pfefferbeeren garnieren.

Lachs-Brokkoli-Auflauf

Vorbereitungszeit: 15 Minuten; Backzeit: 20 Minuten
Für 4–6 Personen

200 g Bandnudeln
250 g Brokkoli
1 Zwiebel
2 EL Öl
200 g PHILADELPHIA Doppelrahm
1 Ei
250 g Lachsfilet
100 g pikanter Käse, geraspelt

1 Die Bandnudeln nach Packungsanleitung in leicht gesalzenem Wasser garen. Den Brokkoli waschen, in Röschen teilen und bissfest kochen. Das Kochwasser auffangen. Den Backofen auf 175 °C vorheizen.

2 Die Zwiebel schälen und hacken. Das Öl in einem Topf erhitzen, die Zwiebel darin glasig dünsten und mit 1/4 l Brokkoli-Kochwasser aufgießen. PHILADELPHIA bei milder Hitze unter Rühren in der Sauce schmelzen lassen und anschließend das Ei unterrühren.

3 Den Lachs waschen und in mundgerechte Stücke schneiden. Die Nudeln mit Brokkoliröschen und Lachsstückchen mischen und in eine gefettete Auflaufform geben. Die PHILADELPHIA-Sauce mit Salz und Pfeffer würzig abschmecken, über die Zutaten verteilen und mit Käse bestreuen. Etwa 20 Minuten im Backofen auf der mittleren Schiene backen.

Tomaten-Mozzarella-Pizza

Zubereitungszeit: 20 Minuten, Backzeit: 25–30 Minuten
Für 2 runde Pizzen oder 1 Blech

1 fertiger Pizzateig für 2 runde Pizzen à 28 cm Durchmesser oder 1 Blech
4 Knoblauchzehen
300 g PHILADELPHIA Doppelrahm
50 ml Milch
1 Bund frisches Basilikum
5 Tomaten
2 Kugeln Mozzarella
1 Bund Rucola

1. Den Pizzateig nach Packungsanleitung vorbereiten. Den Backofen auf 175 °C vorheizen. 2 Pizzen (Ø ca. 28 cm) daraus formen und auf ein mit Backpapier ausgelegtes Backblech legen. Den Knoblauch schälen und in feine Scheiben schneiden.
2. PHILADELPHIA und Milch verrühren. 2/3 des Basilikums grob hacken, unter die PHILADELPHIA-Masse heben und mit Salz und Pfeffer würzen. Die Masse auf dem Pizzateig verteilen.
3. Tomaten und Mozzarella in Scheiben schneiden, den Pizzateig damit belegen und zunächst auf der mittleren Schiene 15 Minuten backen. Dann mit den Knoblauchscheiben bestreuen und weitere 10–15 Minuten backen.
4. Den Rucola grob hacken und zusammen mit dem restlichen Basilikum auf der fertigen Pizza verteilen.

Gemüselasagne

Vorbereitungszeit: 15 Minuten; Backzeit: 40 Minuten
Für 4–6 Personen

1 Bund Frühlingszwiebeln
250 g Zuckerschoten, 2 Kohlrabi, 4 Möhren
2 EL Öl
$^{1}/_{4}$ l Gemüsebrühe
200 ml Milch
200 g Kräuter PHILADELPHIA
abgeriebene Muskatnuss
1 Ei
200 g mittelalter Gouda, geraspelt
9 Lasagneblätter, Fertigprodukt, ohne Kochen

1 Das Gemüse putzen und waschen. Die Frühlingszwiebeln in Ringe, Möhren und Kohlrabi in Scheiben schneiden. Den Backofen auf 200 °C vorheizen.

2 1 Esslöffel Öl erhitzen. Das Gemüse darin bissfest dünsten, salzen und pfeffern und beiseite stellen.

3 Frühlingszwiebeln im restlichen Öl dünsten, mit Brühe ablöschen, Milch angießen, kurz aufkochen. Kräuter PHILADELPHIA bei milder Hitze unter Rühren in der Sauce schmelzen lassen und mit Muskatnuss, Salz und Pfeffer abschmecken. Anschließend das Ei und 100 g geraspelten Käse unterrühren.

4 Abwechselnd Sauce, Gemüse und Lasagneblätter in eine Auflaufform schichten. Den Auflauf mit dem restlichen Käse bestreuen und im Ofen auf der mittleren Schiene etwa 20 Minuten backen. Dann die Oberfläche mit Alufolie abdecken und weitere 20 Minuten backen.

Gefüllte Paprikaschiffchen

Vorbereitungszeit: 15 Minuten; Backzeit: 25 Minuten
Für 4 Personen

1 Pk. tiefgekühlter Blattspinat, ca. 450 g
4 Paprikaschoten, rot und gelb
100 g Parmesan
2 Knoblauchzehen
400 g Kräuter PHILADELPHIA
6 Eigelb
20 g Paniermehl
Olivenöl

1 Den Spinat auftauen und gut ausdrücken. Die Paprikaschoten waschen, putzen und vierteln. Den Parmesan raspeln, den Knoblauch schälen und fein hacken. Den Backofen auf 200 °C vorheizen.

2 Den Spinat grob hacken, mit Kräuter PHILADELPHIA, Eigelb, Parmesan und Knoblauch vermischen. Die Masse kräftig salzen und pfeffern und in die Paprikaviertel füllen. Die Schiffchen in eine Auflaufform setzen, mit etwas Paniermehl bestreuen und mit Olivenöl beträufeln. Im Ofen auf der mittleren Schiene 20–30 Minuten backen.

Moussaka

Vorbereitungszeit: 25 Minuten; Backzeit: 40 Minuten
Für 4–6 Personen

500 g Kartoffeln
1 Aubergine
1 Zwiebel
3 Tomaten
1 Bund Petersilie
2 Knoblauchzehen
1 El Olivenöl
400 g Hackfleisch
200 g Kräuter PHILADELPHIA
125 ml Milch
100 g pikanter Käse

1 Die Kartoffeln mit Schale kochen. Inzwischen die Aubergine längs in Scheiben schneiden, mit Salz bestreuen und etwa 10 Minuten stehen lassen. Die Zwiebel schälen und würfeln, die Tomaten in Scheiben schneiden, Petersilie und Knoblauch fein hacken. Den Backofen auf 200 °C vorheizen.

2 Das Öl in einer Pfanne erhitzen und das Hackfleisch mit Zwiebeln und Knoblauch anbraten, salzen und pfeffern. Den Kräuter PHILADELPHIA mit der Milch verrühren.

3 Die gekochten Kartoffeln pellen, in Scheiben schneiden, salzen und pfeffern. Kartoffelscheiben, Hackfleisch, Auberginenscheiben, Petersilie, PHILADELPHIA-Sauce und Tomatenscheiben abwechselnd in eine gefettete Auflaufform schichten.

4 Den Käse raspeln, die Zutaten damit bestreuen und im Ofen auf der mittleren Schiene etwa 20 Minuten backen. Dann die Oberfläche mit Alufolie abdecken und weitere 20 Minuten backen.

Zwiebelkuchen

Vorbereitungszeit: 10 Minuten
Backzeit: 25–30 Minuten
Für 1 Blech

1 Pizzateig für 1 Blech Pizza, Fertigprodukt
1 Gemüsezwiebel, ca. 250 g
1 Bund Petersilie
200 g PHILADELPHIA Doppelrahm
100 g Schinkenwürfel

1 Den Pizzateig laut Packungsanleitung vorbereiten und auf einem mit Backpapier ausgelegten Backblech (ca. 30 x 40 cm) ausrollen. Den Backofen auf 175 °C vorheizen.

2 Die Zwiebel schälen, halbieren und in Scheiben schneiden. Die Petersilie waschen, trockenschütteln und hacken.

3 PHILADELPHIA mit 50 ml Wasser, Salz und Pfeffer verrühren, Zwiebeln und Schinkenwürfel unterheben und die Mischung auf dem Teig verteilen.

4 Den Zwiebelkuchen 25–30 Minuten auf mittlerer Schiene backen.

Köstliche Kleinigkeiten

Herzhafte Lauchecken

Vorbereitungszeit: 20 Minuten; Backzeit: 20 Minuten
Für 32 Stück

1 Pk. tiefgekühlter Blätterteig, ca. 450 g
1 Stange Lauch
200 g roher Schinken
1 EL Öl
4 Eier
200 g PHILADELPHIA Doppelrahm
100 g Emmentaler, gerieben

1 Den Blätterteig auftauen, ausrollen und auf ein mit Backpapier ausgelegtes Backblech (ca. 30 x 40 cm) legen.

2 Den Lauch putzen, waschen und in Ringe schneiden, den Schinken würfeln. Das Öl in einer Pfanne erhitzen, die Schinkenwürfel und den Lauch darin kurz anbraten und abkühlen lassen. Den Backofen auf 200 °C vorheizen.

3 Die Eier mit PHILADELPHIA verquirlen, mit Salz und Pfeffer abschmecken und den Emmentaler unterrühren.

4 Die Lauch-Schinken-Masse auf dem Blätterteig verteilen, dann die Eimasse gleichmäßig darüber geben und den Lauchkuchen im Ofen auf der mittleren Schiene etwa 20 Minuten backen. Anschließend in Quadrate schneiden und warm oder kalt servieren.

Lachsröllchen

Vorbereitungszeit: 10 Minuten
Kühlzeit: 20 Minuten
Für 24 Röllchen

200 g geräucherter Lachs, in Scheiben
200 g PHILADELPHIA Doppelrahm oder Fitness
6 Scheiben Toastbrot oder Schwarzbrot
1 Bund Dill

1 Die Lachsscheiben mit dem PHILADELPHIA bestreichen und von der kurzen Seite her aufrollen. In Klarsichtfolie einwickeln und für 15–20 Minuten ins Tiefkühlfach legen.

2 Inzwischen jede Brotscheibe in 4 kleine Dreiecke schneiden. Den Dill waschen und trockenschütteln.

3 Die angefrorenen Lachsrollen mit einem scharfen Messer in 24 etwa 1 cm breite Scheiben schneiden.

4 Jedes Brotdreieck mit einem Lachsröllchen belegen und nach Belieben mit frischem Dill und Zitronenstückchen garnieren.

Gefüllte Blätterteighäppchen

***Zubereitungszeit:* 15 Minuten; *Backzeit:* 10 Minuten**
Für 16 Häppchen

$^1/_2$ Pk. tiefgekühlter Blätterteig, ca. 225 g
1 Eigelb
2 EL Sesamsamen
$^1/_4$ Salatgurke
8 Cocktailtomaten
200 g Kräuter PHILADELPHIA oder Kräuter PHILADELPHIA Fitness

1 Die Blätterteigplatten auftauen und etwa 2 cm dick ausrollen. Den Backofen auf 200 °C vorheizen. Etwa 16 Kreise (Durchmesser 6 cm) ausstechen und auf ein mit Backpapier ausgelegtes Backblech legen.

2 Teig mit Eigelb bestreichen, mit Sesam bestreuen und im Backofen 8–10 Minuten auf der mittleren Schiene backen. Auskühlen lassen.

3 Die Salatgurke in kleine Stifte, die Tomaten in Scheiben schneiden.

4 Die Blätterteighäppchen in der Mitte aufschneiden und die untere Hälfte mit reichlich Kräuter PHILADELPHIA bestreichen. Mit Gurkenstiften und Tomatenscheiben belegen und die andere Hälfte darauf setzen.

Wraps

Zubereitungszeit: 20 Minuten
Für 4 Personen

1 EL Öl
1 Hähnchenfilet
1 Karotte, geschält
1 rote Paprikaschote, geputzt und entkernt
200 g Kräuter PHILADELPHIA oder Kräuter PHILADELPHIA Fitness
4 EL Milch
4 Soft-Tortillas, Fertigprodukt
4 große Salatblätter, z.B. Lollo Rosso

1 Das Öl in einer Pfanne erhitzen und das Hähnchenfilet darin von beiden Seiten braten. Das Fleisch salzen, pfeffern und in Streifen schneiden.

2 Die Karotte mit dem Sparschäler in breite Streifen schneiden, die Paprika würfeln. Den Kräuter PHILADELPHIA mit Milch glatt rühren.

3 Die Tortillas mit der Hälfte der PHILADELPHIA-Masse bestreichen und mit einem Salatblatt belegen. Gemüse und Hähnchenfleisch mit dem übrigen Kräuter PHILADELPHIA mischen und auf das Salatblatt geben. Wrap einschlagen, einrollen und um das Ende Butterbrotpapier wickeln.

Tomaten-Crostini

Vorbereitungszeit: 10 Minuten; Backzeit: 15 Minuten
Für 4 Personen

4 feste Tomaten
2 Zwiebeln
200 g PHILADELPHIA Doppelrahm oder Fitness
1 Baguette
Basilikumblätter als Dekoration

1 Den Backofen auf 180 °C vorheizen. Die Tomaten entkernen und würfeln, die Zwiebeln hacken. Tomaten- und Zwiebelstückchen mit PHILADELPHIA vermischen, salzen und pfeffern.

2 Das Baguette in etwa 10 Scheiben schneiden und die PHILADELPHIA-Tomaten-Masse darauf verteilen. Die Crostini im Ofen auf der mittleren Schiene 15 Minuten überbacken und mit Basilikumblättern garniert servieren.

Ofenkartoffeln mit Radieschendip

Vorbereitungszeit: 20 Minuten
Backzeit: 15 Minuten
Für 4 Personen

4 Kartoffeln
2 EL Kümmel
2 EL Sesamsamen
2 EL Olivenöl
200 g Kräuter PHILADELPHIA oder Kräuter PHILADELPHIA Fitness
100 ml Milch
1 Bund Radieschen, geputzt (ca. 100 g)
1/2 Päckchen Kresse

1 Die Kartoffeln mit Schale ca. 15 Minuten in leicht gesalzenem Wasser kochen, abkühlen lassen und halbieren. Den Backofen auf 200 °C vorheizen.

2 Kümmel und Sesam mischen. Die Kartoffelschnittflächen mit Öl bestreichen, salzen und in die Gewürzmischung drücken. Die Kartoffeln mit der Schnittfläche nach oben auf ein Backblech legen und etwa 15 Minuten auf der mittleren Schiene knusprig backen.

3 Für den Dip Kräuter PHILADELPHIA mit der Milch glatt rühren. Die Radieschen raspeln und mit der Kresse unter die PHILADELPHIA-Creme rühren. Mit Salz und Pfeffer abschmecken und zu den Ofenkartoffeln servieren.

Spinatpfannkuchen

Zubereitungszeit: 20 Minuten
Für 4 Personen

2 Eier
300 ml Milch
150 g Weizenmehl
3 EL ÖL
1 kleine Zwiebel
1 Pk. tiefgekühlter Spinat, ca. 450 g
200 g PHILADELPHIA Doppelrahm oder Fitness

1 Für die Pfannkuchen Eier und Milch mit einem elektrischen Handrührgerät verquirlen, salzen und pfeffern. Das Mehl löffelweise unterrühren. Etwas Öl in einer beschichteten Pfanne erhitzen und aus dem Teig 4 Pfannkuchen backen.

2 Für die Füllung die Zwiebel hacken. Das restliche Öl erhitzen und die Zwiebel darin andünsten. Den gefrorenen Spinat dazugeben und etwa 10 Minuten weiter dünsten. Anschließend PHILADELPHIA unter den Spinat heben und unter Rühren schmelzen lassen. Die Masse mit Salz und Pfeffer abschmecken.

3 Die Pfannkuchen jeweils mit 3–4 Esslöffel der Spinatmischung füllen und aufrollen.

Schinken-Kräuter-Hörnchen

Vorbereitungszeit: 15 Minuten
Backzeit: 15 Minuten
Für 20 Hörnchen

1 Pk. tiefgekühlter Blätterteig, ca. 450 g
100 g roher Schinken
100 g Kräuter PHILADELPHIA
oder Kräuter PHILADELPHIA Fitness
1 Eigelb

1 Den Blätterteig auftauen, ausrollen, in 10 Quadrate und anschließend in Dreiecke schneiden. Den Backofen auf 200 °C vorheizen.

2 Den Schinken klein würfeln und mit dem Kräuter PHILADELPHIA vermischen.

3 Jedes der Blätterteig-Dreiecke mit etwa 1 Teelöffel der PHILADELPHIA-Masse bestreichen und aufrollen. Zu Hörnchen formen, diese mit Eigelb bestreichen und im Backofen auf der mittleren Schiene etwa 15 Minuten backen.

Grapefruitdrink

Zubereitungszeit: 15 Minuten
Für 4 Personen

2 Pink Grapefruits
200 g PHILADELPHIA Doppelrahm oder Fitness
400 ml Grapefruitsaft
2 EL Zucker

1 Die Schalen der Grapefruits mit einem scharfen Messer so abschneiden, dass die weißen Häute der Fruchtspalten mit entfernt werden. Nun die Filets durch Einschnitte entlang den Trennhäuten herauslösen. Den dabei auslaufenden Saft auffangen.

2 PHILADELPHIA und Grapefruitsaft mit dem elektrischen Handrührgerät verrühren.

3 Den Zucker mit den Grapefruitfilets und dem aufgefangenen Saft in den Drink geben und erneut kräftig rühren, so dass die Fruchtstücke zerschlagen, aber nicht püriert werden. Den Drink in 4 Longdrinkgläser füllen und servieren. Nach Belieben mit Grapefruit und Minze dekorieren.

PHILADELPHIA-*Desserts*

Sahnig-süße Verführungen

Classic-Dessert mit Obstsalat

Zubereitungszeit: 15 Minuten
Für 4 Personen

FÜR DIE CREME
400 g PHILADELPHIA
Doppelrahm oder Fitness
200 g Joghurt
2 EL Zucker
2 EL Zitronensaft

FÜR DEN OBSTSALAT
100 g Erdbeeren
100 g Weintrauben
100 g Himbeeren
1 Nektarine
1 EL Zitronensaft
2 TL Zucker

1 PHILADELPHIA, Joghurt, Zucker und Zitronensaft mit einem elektrischen Rührgerät vermischen und kühl stellen.

2 Die Erdbeeren waschen, putzen und vierteln. Die Trauben waschen und halbieren. Die Himbeeren waschen. Die Nektarine waschen, halbieren, den Stein entfernen und die Hälften in schmale Spalten schneiden.

3 Die Früchte mischen und mit Zitronensaft und Zucker abschmecken.

4 Die Creme auf 4 Dessertteller verteilen und mit dem Obstsalat servieren.

Kiwicrêpes

Zubereitungszeit: 25 Minuten
Für 4 Personen

200 g PHILADELPHIA Doppelrahm oder Fitness
100 g Joghurt
1 EL Zitronensaft
1 EL Zucker
4 Kiwis
40 g Weizenmehl
75 ml Milch
1 Ei
4 TL Öl
1 Pk. Bourbon-Vanille-Zucker
4 EL Aprikosenkonfitüre

1 Für die Creme PHILADELPHIA, Joghurt, Zitronensaft und Zucker mit einem elektrischen Handrührgerät vermischen und kühl stellen.

2 Die Kiwis schälen und in dünne Scheiben schneiden.

3 Für die Crêpes Mehl und Milch mit einem elektrischen Handrührgerät vermischen und 5 Minuten quellen lassen. Anschließend das Ei, 1 TL Öl und den Vanillezucker unterrühren. Das übrige Öl in einer Pfanne (Ø ca. 24 cm) erhitzen und aus dem Teig 2 Crêpes backen.

4 Die Crêpes mit PHILADELPHIA-Creme bestreichen, aufrollen und halbieren. Die Aprikosenkonfitüre in einem Stieltopf aufkochen. Je eine Crêpehälfte kurz vor dem Servieren mit einigen Kiwischeiben auf einem Dessertteller anrichten und mit etwas Aprikosensauce servieren.

Tiramisu

Zubereitungszeit: 25 Minuten
Kühlzeit: 2 Stunden
Für 4–5 Personen

100 ml kräftiger Kaffee, z.B. Jacobs® Krönung
5 EL Amaretto (Mandellikör)
400 g PHILADELPHIA Doppelrahm oder Fitness
200 g Joghurt
2 Pk. Vanillinzucker
1 EL Zucker
120 g Löffelbiskuit, ca. 20 Stück
Kaba® Schoko-Kakaopulver zum Bestäuben

1 Den Kaffee abkühlen lassen und mit Amaretto mischen.

2 PHILADELPHIA, Joghurt, Vanillinzucker, Zucker und etwa 7 Esslöffel der Kaffee-Amaretto-Mischung mit einem elektrischen Handrührgerät verrühren.

3 Eine Kastenform (ca. 25 x 11 cm) mit Klarsichtfolie auslegen. Den Boden mit Löffelbiskuits belegen und mit der Hälfte der restlichen Kaffeemischung beträufeln. Die Hälfte der Creme darauf verteilen und den Vorgang mit einer zweiten Schicht wiederholen. Das Tiramisu kalt stellen und vor dem Servieren mit Kaba® Schoko-Kakaopulver bestäuben.

Himbeereis am Stiel

Zubereitungszeit: 15 Minuten; Kühlzeit: 5 Stunden
Für 4–6 Personen

200 g tiefgekühlte Himbeeren
200 g PHILADELPHIA Doppelrahm oder Fitness
100 g Joghurt
1 EL Zucker
1 EL Zitronensaft

1 Die Himbeeren auftauen und pürieren. PHILADELPHIA, Joghurt, Zucker und Zitronensaft mit einem elektrischen Handrührgerät verrühren. Ein Drittel der Creme mit dem Himbeerpüree vermischen.

2 Helle und rote Creme abwechselnd in Joghurtbecher einfüllen. In die Mitte einen Plastiklöffel stecken und für etwa 5 Stunden ins Tiefkühlfach stellen.

Preiselbeer-Mandel-Dessert

Zubereitungszeit: 15 Minuten
Für 4 Personen

400 g PHILADELPHIA Doppelrahm oder Fitness
200 g Joghurt
2 EL Zitronensaft
2 EL Zucker
4 EL Preiselbeeren, aus dem Glas
4 EL Mandelblätter

1 PHILADELPHIA, Joghurt, Zitronensaft und Zucker mit einem elektrischen Handrührgerät cremig rühren.

2 Die Creme halbieren. Eine Hälfte mit 2 EL Preiselbeeren mischen.

3 Die Mandelblätter in einer beschichteten Pfanne ohne Fett rösten, bis sie leicht gebräunt sind.

4 Rote und weiße PHILADELPHIA-Creme sowie die restlichen Preiselbeeren abwechselnd in 4 hohe Gläser schichten und mit Mandelblättchen und nach Belieben mit Preiselbeeren und Minze garnieren.

Gefüllte warme Pfirsiche

Zubereitungszeit: 20 Minuten
Für 4 Personen

400 g PHILADELPHIA Doppelrahm oder Fitness
200 g Joghurt
abgeriebene Schale und Saft von 1/2 unbehandelten Zitrone
5 EL Zucker
4 EL Amaretto (Mandellikör)
1 Msp. Zimt
8 Pfirsichhälften, aus der Dose
40 g Butter
50 g Mandelblättchen

1 PHILADELPHIA, Joghurt, 2 Esslöffel Zitronensaft, 2 Esslöffel Zucker, 2 Esslöffel Amaretto und den Zimt mit einem elektrischen Handrührgerät vermischen und kühl stellen. Die Pfirsiche abgießen, den Saft auffangen.

2 Die Butter mit dem übrigen Zucker in einer Pfanne erhitzen und die Mandeln darin unter Rühren bräunen. Die Pfirsichhälften und 3–4 Esslöffel Pfirsichsaft dazugeben, erhitzen und die Pfirsiche dabei mehrmals mit der Flüssigkeit übergießen.

3 Die Zitronenschale und den übrigen Amaretto dazugeben und die Pfirsiche heiß mit der PHILADELPHIA-Creme füllen und servieren.

Eissterne mit heißen Pflaumen

Vorbereitungszeit: 20 Minuten; Kühlzeit: 3 Stunden
Für 4 Personen

400 g PHILADELPHIA Doppelrahm oder Fitness
200 g Joghurt
2 EL Zitronensaft
100 g Zucker
1 Pk. Vanillinzucker
500 g Pflaumen
1 Msp. Zimt
1 TL Speisestärke
2 EL gehackte Pistazien
2 EL geraspelte Milka®-Schokolade

1 Für die Eissterne PHILADELPHIA, Joghurt, Zitronensaft, 2 Esslöffel Zucker und den Vanillinzucker mit einem elektrischen Handrührgerät vermischen. Stern-Ausstechförmchen auf einen Teller legen, mit der Creme füllen und etwa 3 Stunden im Tiefkühlschrank frieren lassen.

2 Die Pflaumen entsteinen, halbieren und mit etwa 3 Esslöffel Wasser, dem übrigen Zucker und dem Zimt 2–3 Minuten kochen. Die Sauce mit der Speisestärke andicken.

3 Das Eis vorsichtig aus den Förmchen lösen, mit den heißen Pflaumen anrichten und mit Pistazien und Schokoladenraspeln garnieren.

Kirschwaffeln

Zubereitungszeit: 10 Minuten
Backzeit: 15 Minuten
Für 4 Personen

3 Eier
600 g PHILADELPHIA Doppelrahm
150 g Weizenmehl
4 EL Zucker
50 ml Milch
Puderzucker zum Bestäuben
1 Glas Sauerkirschen, ca. 400 g Abtropfgewicht
200 g Joghurt
2 EL Zitronensaft
8 EL Kirschsaft

1 Für die Waffeln die Eier mit einem elektrischen Handrührgerät schaumig schlagen, 200 g PHILADELPHIA dazugeben und verrühren. Nach und nach das Mehl, 2 Esslöffel Zucker und die Milch unterrühren.

2 Das Waffeleisen aufheizen, einfetten und etwa 8 goldgelbe Waffeln backen. Mit Puderzucker bestäuben.

3 Für die Creme die Kirschen abgießen und gut abtropfen lassen. Den übrigen PHILADELPHIA mit Joghurt, 2 Esslöffel Zucker, 2 Esslöffel Zitronen- und 8 Esslöffel Kirschsaft vermischen und zusammen mit den Kirschen zu den Waffeln servieren.

Im FALKEN Verlag sind zahlreiche Titel zum Thema „Essen und Trinken" erschienen.
Sie erhalten sie überall dort, wo es Bücher gibt.

FALKEN im Internet: **www.falken.de**
Philadelphia im Internet: **www.philadelphia.de**
Telefonhotline Kraft Ideen Center: **(0 18 02) 25 85 88**

Dieses Buch wurde auf chlorfrei gebleichtem und säurefreiem Papier gedruckt.

Der Text dieses Buches entspricht den Regeln der neuen deutschen Rechtschreibung.

ISBN 3 8068 7671 1

Herausgeber: KRAFT FOODS Deutschland GmbH & Co. KG, Bremen
Projektleitung und Rezeptentwicklung: Kraft Ideen Center: Heike Hauerken, Sabine Peters-Halfbrodt
Layout Rezeptseiten: KRAFT FOODS Deutschland: Sabine Kotzian
Layout Einleitung und Register: Tatjana Spira
Rezeptfotos: Kai Schwabe, Bremen
Foodstyling: Eike Upmeier-Lorenz
Weitere Fotos: Die Fotos auf den Seiten 3-5, 127 wurden dem FALKEN Verlag freundlicherweise von KRAFT FOODS zur Verfügung gestellt; Falken Archiv: S. 126/127 oben
Umschlaggestaltung: KRAFT FOODS Deutschland: Sabine Kotzian
Redaktion: Anja Halveland
Herstellung: Ortrud Müller
Produktion und Satz: VerlagsService Dr. Helmut Neuberger & Karl Schaumann GmbH, Heimstetten
Reproduktionen: Lithotronic, Frankfurt
Druck: Appl, Wemding

817 2635 4453 6271